LOS REFLEJOS DEL AGUA

Vicente Barberá Albalat

LOS REFLEJOS DEL AGUA

© Vicente Barberá Albalat
© de esta edición: Olé Libros, 2024

ISBN: 978-84-10053-36-6
Depósito legal: V-2130-2024
Impreso en España

KALOSINI, S. L.
Grupo editorial olélibros
equipo@olelibros.com
www.olelibros.com

A mis hijos y nietos.
A Chris Guevara.
A todos mis amigos.

A MODO DE ELEGÍA
POR LA MUERTE DE JOAQUÍN RIÑÓN

Perdónanos,
Señor,
pero nuestros ojos se pierden en la noche
y solo encuentran las sombras
que la piel de la luz deja en tus huesos.
JOAQUÍN RIÑÓN

Sí. Puedo comprender por qué estoy triste.
Me siento como parte de la nada
que atenaza mi negra singladura
en un mar cuyas olas,
las heridas del tiempo y de su huella
no cesan de azotar.

A menudo nos llegan sentimientos
que alteran las miradas más profundas
y entonces apareces, todo luz,
con un halo de enorme intensidad
que conmociona y hunde mi alegría.
Todo altera los bordes de mi calma
y hasta el cielo se impregna de silencio.
Los badajos no están en sus canciones
y ya nada es lo mismo que antes fuera.
Tu Malvarrosa entera se desploma
y llora largas lágrimas.

Sin olvido recorro caminos compartidos.
Ningún rezo me sirve de consuelo.
Atrás quedaron, todas, tus querencias:

el cariño a tus hijos,
tus versos, tus poemas y ese gesto jovial
que el dolor de tu muerte no ha apagado.
Sefa ya nos dejó y hoy estáis juntos
en el lecho profundo inamovible
que acoge indiferente nuestros sueños.

Tu ausencia no será definitiva,
amigo fiel y confidente,
siempre hallarás reposo en mi memoria,
en mi modo de ser roca y estío.

Interminables idas y venidas
por las limpias aceras
de la avenida de Aragón,
de tu casa a la mía,
en Siete Aguas,
donde cielos e infiernos
fueron negados.

Mejor soñar en nada —escribiste una vez—
sin la negrura fría del misterio.
Hoy el misterio envuelve la espesura
de lo que fue y será, aunque no sea.
Pero mientras, amigo, del alma amigo,
nada podrá borrar nuestra amistad
y nunca morirá tu Malvarrosa.
Siempre en su playa quedarán
dicha y arena ardiente para encender tu luz.

Quién sabe si algún día
podremos conversar de nuevo
sobre tantas cuestiones que juntos compartimos.

A VECES ME PREGUNTO

A Antonio Mayor

A veces me pregunto,
en esta solitaria casa triste
de luz deshabitada,
si alguno de mis padres
estuvo aquí presente.

A veces me pregunto,
mirando viejas fotos
y las flores enhiestas del jardín,
si viví en este sitio tan ajeno.

A veces me pregunto,
antes de que no fuera para siempre,
si alguno de los besos que me dieron
entre nuestras cautelas de la infancia,
volvería de nuevo a presentarse.

A veces me pregunto
si hemos sido reales o lo somos,
cómo me veis vosotros sin la máscara
y qué sabéis de mí sin conocerme
cuando no me conozco ni yo mismo.

A veces me pregunto
por qué seguir aquí entre tanta sombra,
qué sabéis de mis versos y renuncias,
qué os importa si voy o estoy viniendo.

Pero sí me conocen
los yermos campos de secano,
el tomillo, la rambla, el terraplén
y el áspero gemir de los olivos.

Abismo de tiniebla

Piel del aire que ciñe las palabras
de dulce transparencia incomprensible
cuando amanece el alba entre las nubes
coloradas de blanca primavera.

Aire que se diluye en nuestro pecho
y alienta las miradas de los pájaros
como una mariposa taciturna
que abraza la alborada con sus alas.

No hay soledad ni abismos imposibles,
los labios no conocen los secretos
que esconde el viento en su veloz partida.

Porque morir también es claudicar
más allá de la luz del horizonte
donde el mar es abismo de tiniebla.

ANOSOGNOSIA

A Félix Molina

Anochece en la mente,
inexorablemente se marchita
sin lamentos ni gritos
y parece apagarse en su mirada.

La lengua ya no encuentra su sosiego
en una tempestad de sus jirones
y se corta la voz cuando aparece
en el reloj manido del olvido.

Y no hay techo de luz para su sombra;
se rompe la palabra impunemente
en pertinaz goteo, poco a poco.

Y el calor de las sí-la-bas se funde
en el oscuro eco de la nada;
inconsciente agonía del final.

BENARÉS

A Blas Muñoz

Soy un pobre que vive en Benarés
andando sin andar porque mis piernas
con la lepra mordidas se quedaron.

No tengo a nadie que me cuide
ni tuve ni tendré grandes alivios.
En un rincón con los olores sucios
de las ratas hambrientas que me miran
duermo medio despierto.
Llevo mi corazón lleno de muertes
con el terror rondando los ventrículos;
aliagas son mis huesos
que pinchan hacia adentro mi esperanza,
mi rostro, ya lo ves, un sinsentido
de llagas y de costras malolientes.
Mis ojos me permiten ver el mundo:
el sol que cuando quiere me tortura,
los pájaros que escarban las cenizas,
los turistas jugando con el viento
mostrándome desprecio en sus miradas.

Y aquí estoy yo, perdido entre la gente.

Pidiendo una limosna.

CANTO

Quién soy en esta selva tan perdido,
cómo poder salir de tanta angustia,
cómo creer, Señor, cómo creer
si Tú no me conoces ni me sientes.

Muéstrame una señal para encontrarte,
un camino, una fuente, una mirada,
un verso sin metáforas adversas,
alguna luz en mi universo oscuro.

Ábreme tu morada donde estés
para que pueda verte y adorarte,
no te olvides de mí, estoy desnudo.
No me dejes tan solo y tan perdido.

CERTEZA

Un trayecto sinuoso,
marcado por tremendas cicatrices,
irrumpe sin cesar en tu mente nublada.

Ábrela cuando esté tranquila
y la bruma no oculte el horizonte.
Allí está la verdad, si existe,
aunque no puedas encontrarla.
Te llenará de dudas,
sufrirás cuando sientas
el pálpito telúrico
y el frío de la losa en tus costados.

Todo es polvo y ceniza.

Serás ausencia,
jardín inaccesible, nada.

No busques en exceso.

Solo hay una certeza:
                    la vida es un regalo.

CHARLIE

Se dirigía ilusionado
a la Quinta Avenida de Manhattan.
Se cruzó en el camino con John Brown.
  —¿A dónde vas, amigo?
  —A ver a Dios.
  —¡A ver a Dios!— exclamó John.
  —Sí, en la esquina de St. Patrick
   con la calle 50.

Pasaron muchos años. Más de cien.
Miles de pájaros murieron
y allí, con barba larga, estaba Charlie.
  —¿Aún no ha llegado Dios?
  —Querido John, tranquilo:
   Yo sé que llegará mañana.

CLARK GABLE

—Me dijiste, mi amor, que me querías,
que me querías mucho más que a nadie,
era yo el respirar de tus ensueños,
destacado sultán de los harenes,
ángel azul de un lienzo de Murillo,
paladín, superhombre como Batman.

Y durante dos años no cambió.
Pero luego, una noche imprevisible,
ella dejó de ser una princesa
enamorada. Y muy poco después
se fue dejando este mensaje:
«Eres insoportable. No te aguanto».

Ella, probablemente, se marchó a Hollywood
en busca de Clark Gable, rey del cine.
Le cautivó, supongo, su bigote
y *Lo que el viento se llevó,*
película rotunda
e insoportablemente perdurable.

Yo me quedé con Marilyn.

Co-Fundidos

Somos tiempo,
en él nos cofundimos,
en su impío cristal y espejo nos miramos
sin vernos.

Cofundidos estamos
      y en esencia es la nada y es el todo.

Grácil, súbito, adverso y eviterno
nos olvida en su paso.

Al fondo de un abismo
yacen los esqueletos de los buitres
mientras llenan el aire
      los negros y los blancos de Manhattan.

Sin tiempo no existimos.
Mientras,
entonamos de modo diferente
la misma melodía.

Fundidos con el tiempo: cofundidos.

Confinamiento

Las calles del suburbio están desiertas.
Ni los perros ensucian las aceras.

Las horas se detienen,
el reloj de la torre está callado.

Ni los cuervos encuentran
carroña en la basura de las calles de Kioto.

Solo grises ventanas con los ojos cerrados.

Ya no hay niños que jueguen en la plaza
ni abuelos en los bancos de la acera:
los coches y autobuses se han callado
en las calles de Kioto.

(13-03-2020)

DE TODOS MODOS

Por qué estoy alejado
    de la luz,
      del resplandor del horizonte.

Por qué no sé abrirme a lontananzas,
dar a la claridad mi piel herida,
aceptar
      los rayos de la esfera sutil del desengaño.

Dónde acercar mis ojos,
  en qué ventana disfrutar.

De todos modos,
    la nada llegará ineludiblemente.

Después de tu partida

Fuiste estrella de luz en noche oscura
y hontanar de agua clara y transparente.
Muchas lunas después de tu partida
perdurarán las flores que dejaste.

DÓNDE ESTÁN LOS QUE VIERON AMANECER LOS DÍAS

¡Ah, pueblo malbendito, qué pronto te olvidaste!

Dónde están los que ya se fueron
sobre piedras estériles;
aquellos que gozaron de la tierra,
            sus abarcas, arados y sus rostros curtidos;
los sueños que jamás cumplieron,
los rezos del rosario postrados de rodillas.

Dónde aquellas mujeres que tanto los amaron,
las batallas perdidas,
sus felices instantes,
las palabras gastadas de tanto recorrido.

Dímelo, ¿dónde están?

Añoro su partida,
la luz de los candiles,
su mirada, su beso,
los naipes que sus manos ensuciaron,
la copa de cazalla en cada desayuno.

Ya no quedan semillas de sus árboles,
solo olvido y olvido en las sillas de enea.
Ya no existen tabernas en los pueblos que hollaron,
        los trillos de las eras se quedaron dormidos,
            los rulos son reliquias de días luminosos.

Las flores se marchitan dentro del cementerio
y no hay nadie que pueda restañar las heridas
que su ausencia ha dejado.

EAST 91 STREET

El sol atravesaba los cristales.
A lo lejos sonaba una sirena.

El rumor rutinario de los coches
llenaba de alboroto los espacios
y alcanzaba los altos edificios
bajo el perfil del cielo.

Desde
mi ventana,
en *East 91 Street*,
contemplaba los cuerpos
como hormigas furiosas por la calle.

Imposible el silencio.

Solo estaba en la mente de las hormigas
en su absurda rutina obsesionadas.

El ambiguo color de la nostalgia

A Diane y Ricardo

Aquellos días plenos,
cuando éramos continuos
peregrinos del alba,
y los anhelos eran
reír y disfrutar
de las cosas sencillas
que abrían la inocencia hacia la luz,
rodábamos por calles y tugurios
entre copas y música.

Qué simples fueron nuestros sueños.

Hoy,
la negra oscuridad
es velo permanente.

Después de estar callado mucho tiempo,
al recordar,
un sórdido dolor
invade mi osatura
y en esta tarde, solo,
bajo el calor inmenso del verano,
acude sin clemencia a mi aposento
el ambiguo color de la nostalgia.

El círculo vicioso

Atravieso la roca de Lord Byron en las oscuras noches de

Ginebra

Camino hacia la plaza y la bosta entre lirios anega mis

entrañas

Contemplo con pasión los laberintos del jardín aromático de las

Hespérides

Encuentro a las comadres de Falstaff con sus locos enredos

delirando

Me levanto dolido apenas liberado de la bruma

nocturna

Navego por la rosa de los vientos y me acerco sin prisas a

Ushuaia

Paseo sin rubor por las terrazas colgantes de la terca

Babilonia

Veo el oculto resplandor de todo el

Universo

Veo el sol que sorprende a la ventana como fuente de fiera

enfurecida

y

vuelvo nuevamente
como un león hastiado de vagar
a recorrer monótona e inevitablemente

el
círculo
vicioso

El frío beso oscuro de la noche

Ya no habrá más razón para esperar
el canto negro de la sombra
cuando a la puerta llame
alguien desconocido.

No es extraño que pronto
te vengan a buscar para llevarte
al lugar donde habita la ceniza.

Te invitará el Comendador
al banquete final,
al temido lugar del precipicio
donde te espera
el frío beso oscuro de la noche.

EL POETA ENCENDIDO

Qué hace ese poeta.

No se sabe.
Tal vez elucubrar bajo los árboles,
escribir en sus troncos los llantos de la luna,
componer epitafios de sueños inconclusos
en el aljibe roto de la noche
a Ibn Zaydun.

No sabe ese poeta del rumor de las rocas,
sus grietas, lloros y lamentos.
Ni del amargo labio del quetzal
en sus lamentos mayas.

Qué sabe ese poeta
si no observa la brisa
hincado sobre nardos infinitos
ni nota la llegada de amargos resplandores
o el temblor ante el miedo de las serpientes emplumadas.

Y del amor ¿qué sabe?
Amar es sucumbir,
embriagarse una noche
para vomitar luego
en un beso cubierto de gusanos.

De qué habla,
se viste con palabras intangibles
plegadas sobre un lienzo de órdagos.

Vivir no es solo estar
sin sentido de soles,
lejos de la fragancia de la luna.

Finalmente morir,
para siempre morir
y acabar en el fuego de la nada.

Ese es el poeta
al que engañó la luz.

De los demás,
            no se sabe.

El rostro de la noche

I

no es en balde el aliento de la sombra
sobre el rostro imprevisto de la noche
que termina en la boca de la hiena

ven a mi casa con tus besos
sentirás el perfume del dolor
en la pared hostil de tanto luto
de tanto negro y tantos gritos

no será como siempre

el hollín del calor acumulado
presentirá el sudor y el desespero
del duelo en el camino
porque el reloj de arena
con su ácido cristal
hostigará los tiempos y toda incertidumbre

2

embrea la cadencia de las horas
de perfume espiral y rotas combustiones
cuando llegue el ardor de los volcanes

evita que me quemen sus efluvios
y al fuego que trepita en la memoria
déjalo recorrer mi cruel hoguera

el carbón que no queme
y la lluvia aparezca con holgura

si se aviva el tizón
con la llama que avanza sin cesar
jinete de sabidas intenciones
que no incendie la paz

y si asoma y no avisa con sus ritos
líbrame de su manto

3

con el cuerpo ofrecido ante mis ojos
purépecha de piernas entreabiertas
representas la imagen tan temida
al final de la luz eyaculada

si fueras siempre sol y me tuvieras
en el vuelo distante de las olas
estarías aquí para quererme
y obsequiarme con sorbos de azucena

descúbreme tu corazón ardiente
y acaricia mi rostro y mis mejillas
sin retener mi piel entre tus garras
oscuras de la muerte

no quieras confundirme
y déjame gozar bajo la fronda

4

amor me diste y no supiste cuánto
pero no tanto como yo esperaba
rosales de alegría
y en ti pensé bajo la fresca fronda

pero hoy deduje que no es grande
el valor de las cosas que me diste
ya se ha oxidado

llover sobre la arena de la playa
no sirve para mucho
tampoco sirve andar sobre cangrejos

lo demás polvo y orfandad

al final la ceniza
de los huesos mortales del río de la vida
se diluirá en el aire

5

la noche vigilada por el gato
destaza con sus ojos

enseguida vendrán los funerales
y las coronas

un madroño encerrado y a lo lejos
palmeras y naranjos
detenidos de dudas
en la calma del viento

sonó la desventura

la lágrima horadó el silencio
de ceniza encerrada

el tren siguió el camino hacia la sombra
apareció el invierno
y todo se cubrió de ritos y responsos

6

en el yucal ajeno
un desierto de espinas horadó
el agraz tempo de la muerte inquieta
posada en los extremos del camino

no dejes que se acerque el cascabel
               y su veneno aplaque mi dolor
bajo un sol inclemente y piedras calcinadas
               evitar no podía

los labios ya sin lágrimas
los denostados símbolos del miedo
               son a lo lejos nada

sin reflejos las vísceras
                           inmóviles
        son salmos vesperales venideros

7

te vas yendo despacio
        porque viniste aprisa
     con un amor intenso en la mirada
     cuando el sol no sabía de entresijos

hoy en el mar oculto en tu recuerdo
        avispas se vislumbran
     y observas los aviones
sin centrar en tus ojos los brillos de la noche

y siempre hay luz en los atardeceres
       no bebas vino amargo
       observa que en la copa

queda un poco de paz
      hasta las yeguas más salvajes
comprenden la mirada inerte de las flores

8

la luna se cerró ante el espectáculo
            los huesos eran plomo
en aquel agujero de puntos terminales
        los horcones doblaban ante el peso

de la ceniza estéril
        si la razón alguna vez
                tiene razón
    el vuelo de la sombra será válido

y las trenzas del aire
atarán las rodajas de los retos perdidos
            en el anochecer

de los lobos hambrientos
                y no me dejes
hasta juntos dormir en el silencio

9

espera
y ampárame en tus huecos erizados
cuando esté sobrio de ternura
en tu paciente ardor de mariposa

en el azogue oscuro de la vida
                              lejos de ti
en mar de medianoche
                              y escondido en la sombra

se reflejan las dudas
y al trepar el jazmín por las paredes
                    con el picudo a lomos

de la palmera
se me acerca la muerte
y no la quiero ver

El tiempo que vivimos

El tiempo que vivimos
tiene sus propias leyes escritas no sé dónde.
Pensamos que sabemos lo que hacemos,
que somos suficientes, seres imprescindibles.
Creemos que nos basta la experiencia adquirida,
las cosas que aprendimos y olvidamos.
Sentimos que podemos alcanzar
los mares de la luna
y no podemos ver los baches del sendero
ni saber dónde están,
las ruedas indulgentes del vehículo
que nos lleva sin pausa ni descanso,
hasta que alguien se ocupa
de pinchar los neumáticos
y acelerar la marcha hacia el lugar
donde habita el silencio de las voces dormidas.

El trance

Me parece que roza mi cintura
    una losa puntual, extraña y dura,
    y a mí se me aparece cada noche
sin poderle lanzar ningún reproche.

Y no sé si es la muerte o lo parece
    cuando cada mañana comparece
    viniendo en avalancha de lo oscuro
en forma de iceberg de blanco puro.

La sensación, extraña y duradera,
    se presenta inquietante, a la manera
    de un puño inquisidor que sobrevuela
y todos mis sentidos toscos hiela.

Y así, como cualquier trance perverso,
    me increpa y se confunde con un verso
    incapaz de encontrar el sinsentido
de los agrios momentos que he vivido.

ELECCIÓN

No me podrá salvar la muerte.
Ni la vida.

En cada aterdecer

Por encima de toda ilusión que permanece.
Por encima de ti, de todo,
                              por encima.
Al desnudarse un árbol.
Cuando un pájaro deje de cantar,
incluso cuando el volcán vomite
                              su fuego impenitente.

Cuando casi todo se acabe,
                    no obstante,
            saldrá el sol cada mañana,
los ariscos erizos de la tierra
y el tejido inarmónico de los murciélagos
            ahí estarán
                    cerca de ti
    en cada atardecer,
            y en cada noche.

En el rincón inerte del silencio

(...) yo que soy la constancia del rigor más amargo (...)
Juan Gil-Albert

En el último espacio,
en el rincón inerte del silencio,
donde no hay mar ni viento ni montañas,
hay una calma extraña que nos mira,
que nos siente vivir y no se ve.
Sin forma ni estructura nos observa.
Sabe muy bien cuál es su grito
y nos araña adentro,
a veces nos aflige,
otras, en cambio, nos corona.
Es una voz que no se oye,
insidiosa y tenaz nos intimida,
impone, evita, vive, no se cansa.
Es dictamen severo: la conciencia.

En la espesura negra del destierro

Soy el que estuvo al borde del camino,
lejos de todos los arroyos,
con la angustia prendida,
el corazón atado a la cordura
y la mirada anclada al horizonte.

Abandoné hace tiempo la brisa de la playa
y me adentré en el mar embravecido.

No sé quién soy ni qué hago aquí
y mis venas están llenas de muerte.

Solo quieren mis manos que me escuches
y en esta noche fría, que me espera,
una hoguera de paz pueda encontrar
en la espesura negra del destierro.

ENDECASÍLABOS

I

Superfluo me parece presentarme
como si fuera necesario y útil
que sepáis quién soy yo porque os lo diga
o bien que lo supierais de antemano.
No sé quién soy, tampoco lo pretendo.
Presuntamente estoy, y así parece
por indicios causales, habitando
un mundo que pretende, en su alboroto,
hablarme con sus labios incongruentes
de aquello que no puedo comprender.
Quisiera con mi paso entretenido,
cansado de venir, de caminar,
alcanzar, aunque fuera un solo instante,
la luz casi apagada de un candil.

II

El candil que alumbraba tristes noches
en la intemperie oscura del misterio
de aquellos años nuevos, hoy tan viejos,
llenos de oscura luz que mantenía
la savia de los árboles intacta
y era inocencia limpia y luminosa.
En mis sueños vivían los jardines,
las rosas, la amapola, el despertar
de algo nuevo, temido o prohibido.
Apenas unos cantos en la rambla
y cuatro ramos de romero eran
las tardes encendidas del verano,
estallido de pétalos y soles
en una inexplicable sinfonía.

III

Sinfonía de ver lo nunca visto:
cualquier cosa de nuevo aparecida:
el color del azul de la mañana,
la oscuridad del sol entre las nubes,
el temprano amarillo de la tarde,
las orgías de abejas bajo el roble.
Parecía brotar de entre las rocas
un sinfín de palabras inconexas,
acentos y metáforas ardidas,
sin que importara a nadie comprenderlas.
Todo era luz sin sombra pretendida
en un mundo infeliz que nos miraba
sumido en los recuerdos de una guerra
que llenó de metralla la esperanza.

IV

Esperanza de tronco endurecido
después de tanta lucha, tanto odio,
incomprensión, caballos aterrados,
sin voz en el desierto de la duda,

de océanos repletos de metralla,
de tierra de ceniza en las orillas
oscuras de la noche, cuando el lobo
solitario del monte, taciturno,

lloraba su maltrecha soledad.
Los rescoldos de obuses y refugios
recordaban los gritos inclementes

de aquellas muertes inocentes que
herían la conciencia más allá
del horizonte impune del olvido.

V

Y el olvido no fue fácil remedio
asido al cementerio de la vida,
cuando la vida era hilo prendido
de un techo calcinado por las lágrimas

de dudas y de rojas incertezas
prendidas en las grietas de la sangre.
Amanecieron finalmente soles
con fugaces destellos de alegría

cerrando las secuelas de la mente
y abriendo las ventanas a la luz
que había de volver después de abril.

La tierra se adornó de antiguas flores,
los olivos cantaron primaveras
y la paz se posó en los campanarios.

VI

Los jóvenes vivíamos la paz
entre rayos oscuros de inocencia,
el único camino permitido,
en busca de experiencias consentidas.

Colmada nuestra furia nos casamos,
cerca de las iglesias convivimos,
algunos no pudieron contener
sus gritos y tuvieron que callar

rasgados por la sombra del destino.
Y así fuimos creciendo mansamente
como la flor hostil en las aliagas,

como romero frágil y baladre,
como savia arañada y dolorida
en un nudo, entresijo de presagios.

EOLO

El existir no es tuyo sino dádiva
del intrigante Zeus y sus designios.

Tus fieros arrebatos los contempla
mientras en vuelos imprevistos tú
campas sobre los pechos de las nubes.

A veces dulce, otras furioso, habitas
la húmeda hojarasca de los bosques,
mueves la fronda inquieta de los árboles.

A veces huracán, vendaval otras,
te lanzas irascible y sin piedad
sobre el mundo, que teme tu dureza.

Pero también, Eolo, otras veces
—siempre a veces, oh dios de los antojos—,
nos ofreces la brisa y los oreos.

Eres cruel sin saber por qué razón
o suave ruiseñor de la mañana.
Y así vives temido y caprichoso
dejando sin sosiego al universo.

Era buen orador

A Pascual Casañ

El orador a punto.
Todo el mundo callado.
La palabra sublime
de un hombre pródigo en caricias
y creador de sueños.

En la estancia, aquel día,
el barro de la lágrima
mordía en cada uno sus vísceras amargas.

Aún suenan en el río
sus enormes discursos de advientos y quimeras.

También era orador de conciertos y fiestas,
su pecho cobijaba pasodobles de ensueño
y en la esquina acolchada de su voz silenciosa
sonaban las orquídeas de su luz encendida.

Cruzó todos los mares
con las manos abiertas y el amor encerrado.

Con el viento y el agua
retornan mis recuerdos,
y tal vez una noche,
cuando llore la brisa,
pueda darle un abrazo
de eterno terciopelo.

Esa foto oxidada de tus padres

A Candy y Pat

Mira esa foto antigua en el desván.
Esa foto oxidada de tus padres,
manchada por el polvo,
que avanza hacia su fin
inevitablemente.

Ellos ya se marcharon.

Aprovecha el instante,
grábalos en tus ojos
para habitar sus sueños.
Ya no podrás decir
que nunca los tuviste
cerca de tu mirada.

Esa mano

Esa mano tan quieta
            y alejada

Esa mano tan fría en el papel
      conductora de letras en los versos
      que es calma viento y furia

Esa mano serena solitaria
      que acaricia y adorna
      las nubes en su vuelo
            alejada de peces y serpientes
            dulce dulce dulcísima

Esa mano perdida tan ajena
      en oscuros océanos
      singladura
            vela escotilla
            proa de navegantes

Esa mano
      adónde
            en qué puerta
      en qué lágrima
en qué nicho

Ese amor malbendito

No hay un hueco que abrace.
PILAR BLANCO

Ese amor malbendito que te acosa,
que te abraza y te quema,
que es témpano de hielo maltratado,
y no es rosa o jazmín cuando amanece.

Hoy clava sus cuchillos afilados
en lo desconocido y su inclemencia.

Estoy en todas partes

Construimos la casa, en un impulso
por encerrar la vida
y poner linde al tiempo.
Y se ha escapado el tiempo.
CÉSAR SIMÓN

Soy la casa en que habito
compartiendo su historia y sus pesares
con ventanas de flores y jardines.

Soy el ocioso timbre de la puerta
que anuncia la llegada inesperada
de todas las camelias que me nombran.

Soy la cocina en la que guiso
y mezclo los sabores de la luna
con los perfumes suaves de las nubes.

Soy la mesa de ausentes invitados,
casi siempre esperando compañía,
de noche, en cualquier tiempo.

Soy la cama intranquila, ilusionada,
que espera amaneceres cada noche
y en las olas del mar se balancea.

Soy ribera de río proceloso,
invierno, lluvia, tierra, mayo en luz,
tempestades y llanto cuando sueño.

Y sobre todo soy un peregrino
en ruta hacia el lugar del horizonte
donde desaparecen los poemas.

ETERNA DESPEDIDA

Pensar que esto es la vida,
hacia sus lindes
      transitar,
recoger las migajas del camino
      sin parar,
sin saber el final de su trayecto,
      su forma y lejanías.

Qué habrá detrás de la espesura
      del tiempo consumido.

Cómo será la noche del banquete
      cuando termine el canto.

Qué habrá en el centro de la nada
      cuando el hueco fulgor de lo vivido
      se apague en una eterna despedida.

Hasta olvidé el olvido

No duelen los recuerdos;
solo tu ausencia al recordarlos.

Lo olvidé todo:
mi casa,
mis quereres,
mis torpes alegrías,
el río de mi angustia,
los versos que escribí,
el bosque de las hojas de mis días,
los besos que me diste,
incluso tu existencia.

Y hasta olvidé el olvido.

Tal vez no fuiste nunca.

HOY ME ALEJO INFELIZ DE LA TABERNA

El hervor de la plaza me conmueve
y veo que los jóvenes disfrutan.

Al dejarlos, recuerdo
las horas que pasaron
entre copas y risas.

Nada fue tan hermoso.

Hoy el vino no sabe como entonces
ni mis certezas son como debieran:
no me atraen las rimas becquerianas
ni los versos románticos de Keats
ni *me mueve mi Dios para quererte*
en este tiempo nuevo
que a mi lado camina.

La belleza del día ya ha pasado
y hoy me alejo infeliz de la taberna.

Incertidumbre

Somos objetos a la espera.

Nos
       conduce
            el
                   tiempo
                            y
                 nos
            contempla
      el
espacio.
                O
tal vez no.

Somos incertidumbre.

                     A la espera.

IRSE

Solo lo que se fue tiene cabida
en esta vieja clivia que agoniza.

Kairós

Y quien habrá perdido seré yo.
César Vallejo

Tal vez
estés en el momento pertinente.

Como amapola, como sol,
como quien sabe
esa oportunidad que alguien le da.

Es el tiempo adecuado,
como una flor
consciente de su frágil consistencia
y en perfecto equilibrio, equidistante,
como funambulista experto.

Y con toda la carga y la justa retórica
que acomoda el momento a la intención
y liga el pensamiento a la conducta
y al intenso diamante
de tu carácter, ánimo y razón.

Es tu tiempo adecuado,
el que debes buscar,
no importa en dónde estés.

No dudes, aprovéchalo.

Después vendrá el silencio.

Y quien habrá ganado serás tú.

LA CLIVIA EN LA TERRAZA

A Francisco Cejudo

La clivia en la terraza me acompaña.
Me acompaña si salgo y me acomodo
sentado en una silla con un libro en las manos.
El libro no es consciente ni está atento
a todo lo que pasa más allá de su historia.
Es un objeto simple, indiferente,
no percibe el sonido ni le altera el ruïdo.
La clivia está pendiente de mis ojos,
aprecia mis caricias y la suelo cuidar.
Me exige que la atienda y yo limpio sus hojas,
la riego, la acaricio con cuidado
y paso muchas horas contemplándola.
Ella mueve sus hojas lentamente
al compás del aliento que le dedica el aire.

De pronto se presenta
mi pequeña caniche a reclamar mis brazos
y el libro no se queja. Lo cierro y ni se inmuta,
pero la clivia sufre, sabe que no la miro.
Requiere mi atención. Nota que en mis adentros
hay como tiernos lazos apenas sin espacio,
donde el silencio mora,
en el que libro y clivia caben.
Cada uno a su modo, de distinta manera,
en su oculto lenguaje se comprenden y admiran.
El tiempo se detiene, el espacio no existe,
y aparece una brisa de inexistente forma.

Es la fusión, la dicha inexplicable,
la sinapsis perfecta del sosiego y la paz.
La clivia me sonríe, y en primavera, ufana,
me regala una flor
que une al hombre con todo el Universo.

La Covid-19

Dimitri está llorando, porque perdió a su novia.
Tatiana era una hermosa moscovita
que adoraba las flores.
En China también llora Wáng,
en España, en USA, en mi calle
y en las casas en donde la pandemia
ha llenado de sombra las paredes.

Lloran mis libros, lápices,
ordenador y sillas de cocina,
los pocos alimentos que me quedan,
esta mano que escribe su impotencia,
mi móvil que hoy soporta mi desgana,
la solitaria sábana y las noches.

Aunque en el bosque rían los abetos,
el abedul se meza en suave brisa,
florezcan las riberas de los ríos,
las mariposas de Morelia
ondeen en los mares de amapolas
y en Siberia los osos de las nieves
disfruten soledades y silencios.

Todas las lágrimas
conmueven las ciudades,
el mundo entero llora
mientras sigue inclemente
un enano gigante que nos mata.

(07-04-2020)

La fuerza imprevisible del amor, la soledad y el silencio

La vi en tus ojos cuando me mirabas.
Vi tu juventud en las trincheras de la guerra que perdiste,
     en partidas de cartas,
     en el hostal del frío invierno de tu pueblo,
     en las hojas de almendros y algarrobos.
Apenas un calor apagado calentaba tu silla.
En las mesas de mármol tus manos tiritaban de angustia
                 [contenida, de confinada sed.
Casi nada en tu vida.
Casi nadie en tu vida.
Vi tu zapa cavar en tierras andaluzas,
     la espalda sometida en las trincheras,
     hundido el corazón en desamparo.
Tus amigos y hermanos olvidaron, muy lejos,
                 [tus sueños juveniles.
Vi el volar en tus manos y encender
     parsimoniosamente
     el hilo de tu miedo,
     la seca tierra que amabas tanto.
Te vi lejos, entre la bruma azul de mares que no viste,
     del vasto frío en la muda emoción de la esperanza.
Pensabas en el tiempo oscuro,
     anodino, casi inútil,
     de tu perdida juventud
     entre altivas aliagas
     y a zarpazos herido
     en la tenaz contienda de tus horas,
     en el amor ausente,
     en el gozo añorado,
     en todo aquello que alguna vez quisiste.

Siempre fuiste perdedor,
callado receptor de oprobios,
la pesada losa de la injusticia en tus vencidos hombros.
Vi tu pensamiento oculto,
        tu sufrimiento oculto,
        tus lágrimas ocultas,
        tu amor en los ojos,
        tu espíritu apagado, sin brújula, ajeno a los deseos
                            y al gusto por la vida.

Tu rostro reclamaba la sonrisa, siempre ausente.
        ¡Qué pocas recibiste!

Tu boca semiabierta me hablaba en el silencio.
¡Qué triste aquellos tiempos!
Te vi lejos, tus labios apagados.
Te vi recorriendo caminos, aquel perro que mordió tus sandalias.
Siempre lejos.
A tu lado sentía como mía
        tu arraigada tristeza,
        tu cuerpo cincelado de amargura,
        tu sonrisa inaudible.

Apenas te reías, padre.
La soledad anidó en tu piel.
Pero yo te quise con la fuerza imprevisible del amor,
                    [la soledad y el silencio.

LA LUZ RAYABA EL AIRE

Querida casa mía de aquella triste infancia,
más tarde juventud de dorados reflejos.

Como rayo encendido habitas mi memoria.

Tus muros exhalaban fragancia de azucena,
los cántaros dormían a la luz del candil.

Con toda la pobreza que la casa albergaba,
su calma y los rescoldos ofrecían calor.
Todos los pensamientos y una brizna de dicha
resbalaban las tardes por su patio florido
y a la fresca, sentados, la puerta siempre abierta,
mis abuelas y tíos charlaban y reían.

Se esperaba la noche como nido de ensueños,
regalaban caricias las hadas y los duendes.
No existían las sombras, solo luz y alegría.
Fue infancia, el primer río, la vida entera, mar,
y una imprecisa joven me regalaba estrellas.

La luz rayaba el aire con su bendito brillo.

LA NADA VESTIRÁ EL BOSQUE DEL SILENCIO

A veces es mejor
que un poema te inquiete y desconcierte,
que sea una hoguera de lluvia en un pétalo de aire.

El ladrido del viento
se mueve en el humus del aire
y no sé quién es cuando miro el azogue.
Tu espejo escondido en un verso invidente
emerge incomprendidamente de tus rotas palabras.
Dispara la voz
cobijada en tu boca de sombra
y el pétalo inclemente
de tus ojos dormidos
goza con la mirada de la serpiente.
Luego naufragará tu sueño
en la ceniza enojada de la sangre.
Así la nada vestirá el bosque de silencio.

LA SOLEDAD GRITA

Grita en la llaga abierta de los hombres.
Si se espera es un bálsamo;
        si se sufre, una escarpia
        hundida en plena herida.

Veleidosa,
        permite que la luz renazca
        de la oscura existencia de las cosas.
Espera tras la puerta.

Por la mañana,
        enseña cómo se abren
        las páginas de un libro.

Por la tarde,
        casi todos los buitres
        empiezan a mostrar sus plumas.

De noche,
        se cierran las compuertas de los ojos
        que, en lo oscuro, contienen el embrujo
        escondido del sueño.

Entonces ya no espera:
        se ha quedado al acecho, es la señal.

Y no es un drama
    si templa los contornos de todos los fracasos,
        si llega acompañada de destellos,
            si es quietud en tormenta.

Es el opaco fin de todos los caminos.

La vereda indefinidamente desolada

Los niños no dejaban de correr,
y sus gritos apenas alteraban
el bullicio continuo de la plaza.
Su corazón, volcán incontrolable,
latía con la fuerza de la vida
bajo un cielo calmado y complaciente.

Él los miraba ajeno y abstraído.
Su mente era una sombra, un recuerdo
extraño de un docente ensimismado
prisionero de un tiempo sin pautar.
Hoy, lejos de la escuela y sus alumnos,
buscaba en el reducto de sus dudas.
Dejó por un instante de pensar,
sintió el calor oscuro de la tierra
y observó la tristeza de sus manos.

Los niños ya no estaban en la plaza
y una voz lejanísima escuchó
que unía sentimientos y recuerdos
después de tanto caminar
        por la vereda
                indefinidamente desolada.

LAS MAÑANAS DE ANTAÑO REAPARECEN

No lejos de la casa de mi abuela
entre olivares, pinos y matojos
las bombas y metralla se incrustaban
en bancales de tierra yerma.

Los temblores del miedo
envolvían mis huesos a deshora.

No ha ocultado el silencio las palabras:
las mañanas de antaño reaparecen
en llagas convertidas.

Por eso duelen.

LLETSONS I CAMA-ROGES

Al son de los suspiros de mi infancia
gritaba el vendedor
por las calles del pueblo:
—*Lletsons i cama-roges!*
Por un simple real o cualquier menudencia
entregaba unas hierbas que morían
en el plato inocente de ensalada.
Todavía recuerdo
el lastimoso grito.

Sufrían de sequía los trigales,
lloraba en las mañanas el rocío,
las amapolas solas se morían
y los pájaros tristes no cantaban.
Los dientes de león y la achicoria
hoy casi lujo son en el mercado.

Los gritos se perdieron
en el agrio confín de nuestro olvido.

LLÉVAME A NUEVA YORK ESTA MAÑANA

Llévame a Nueva York esta mañana,
llévame a pasear por la Quinta Avenida
y en Tiffany regálame un abrazo.
No hace falta una joya:
me bastará contigo.
Invítame a comer al restaurante Masa,
y en lo más alto del Empire State
acércame a la cumbre de mis sueños.
Vayamos a la Ópera en la noche
y así poder de nuevo escuchar nuestras arias:
La Reina de la Noche, Nessun Dorma...
También quiero volar en helicóptero
y el *skyline* en tu mirada ver.
Todo el circo de Broadway
y las luces y noches de Manhattan
por siempre serán nuestros.

Lo sabéis

No os confundáis,
        mi piel está gastada,
        sin belleza ni brillo.

En mi casa no existen ya jardines.

Apenas queda nada
        y más no puedo daros.

Lo sabéis.

LOS BORRACHOS

Los borrachos se mueren de la risa
cantan por los caminos
en casa se confunden
esconden las botellas
se equivocan de cama
y beben beben beben

Se levantan dormidos y extrañados
sus mentes no responden
tropiezan con la sábana
caen cuando caminan
no encuentran lo que buscan
y beben beben beben

Desafinan si cantan *La Traviata*
aman a las artistas
si van al cabaret
son amables con ellas
brindan por cualquier cosa
y beben beben beben

Siempre suelen beber en primavera
en verano y otoño
también en el invierno
se pierden en un bosque
no saben orientarse entre las dunas
y beben beben beben

Los borrachos confunden los poemas

Hoy es domingo hay que descansar
para poder mañana fichar en la oficina

¿En qué lugar habré guardado mi botella?

Los extraños jardines

Me voy
con los pájaros blancos hacia el sol.

Me voy
sin que importe que lloren mi partida.

Me voy
con el dolor prendido en mi equipaje.

Me voy
hacia el lugar donde nadie me espera.

Dejaré para siempre los extraños jardines
lejos de donde estuve alguna vez.

LOS REFLEJOS DEL AGUA

A Magda Villarroya

Al mirar la laguna
viene la brisa tenue
con su brillo azulblando
para abrir el espacio del misterio.

Los reflejos del agua,
y todos los reflejos,
viven ocultos
en las grietas del aire.
Tienen su propia vida.

Pegados a las rocas,
su contemplación hiere.

Imposible saber lo que ahora piensan,
pero siguen ahí
imperturbablemente.

ME OBSERVA UNA VENTANA

Me observa una ventana desde el piso de enfrente.
Me observa con desdén.
En su cristal, el brillo de un sol triste de invierno.

Y un laberinto, inquieto de gaviotas,
se cierne sobre mí que apenas soy
un manojo de ramas
de un árbol olvidado.

Nuevamente me mira la ventana
con su pecho lozano y su florido entorno.
Y se abre sin reparos.
Mientras,
un martillo tenaz, perforador,
acosa las paredes de mi hogar
e irrita las marchitas neuronas de mi mente.

Ya soy la ropa sucia que espera ser lavada
con agua de ese pozo que no existe,
el geranio que muere en la maceta,
la impura rosa de cualquier otoño.

Mientras tanto, la clivia a mi costado,
con sus flores, me ofrece una sonrisa.

ME VESTÍ DE PAYASO

A Pedro J. Moreno

Me vestí de payaso cuando acabé el poema
y al salir a la calle me encontré con Antonio.
Antonio no me vio porque andaba despacio
y al llegar a la esquina empezó la llovizna.
Cambié entonces de idea y me subí al tranvía
aunque no sé por qué. Quizá fuera tal vez
porque no fui capaz ni aprendiz de ilusiones.
Y así fui todo el día vestido de payaso.

Fui pobre, fui mendigo, el más rico del mundo,
apagador de incendios que nunca se apagaron,
corredor de carreras que jamás se emprendieron,
escritor de poemas en papeles heridos,
compositor de óperas que nunca se estrenaron,
sembrador de amapolas en cortijos de rosas.
Y cuando quise ser salvador de la noche,
la luz cegó los sueños de mis ojos dormidos.

MUNDO FELIZ

De nuevo cada día
las flores de la duda
y el aroma en los campos
despejarán la niebla
de los momentos tibios
y, cuando el alma tenue
redescubra la luz,
movidos a la vez
como en un solo impulso
comprenderemos todo
lo que siempre quisimos:
renacerá la vida,
se acabará el dolor.

Será como un idilio:
cantarán las estrellas,
y bailarán los soles,
los pájaros, alegres,
nos mirarán contentos;
desde las sombras leves
cantarán melodías
de armónicos colores,
mientras todos los cielos
con sus miles de azules
pintarán en los ojos
resplandores dorados.

No habrá perseguidores en la sombra
ni espejos que reflejen la impostura
en el filo invisible de una lágrima,

aunque yo no lo pueda disfrutar
desde el centro perfecto de la nada
porque ya me habré ido para siempre.

Naciste hermoso

Naciste hermoso, amor, pueblo agridulce y pobre,
rodeado de almendros y olivos encantados,
con tu bella sonrisa apenas perceptible
desde mi pecho cálido de higueras y abubillas.

Naciste hermoso en páramos inhóspitos
—en tierras de secano de veranos ardientes—
sin luna en las montañas con ese beso tuyo
anhelado y lejano que encendía las brasas
de mis heridas venas en aquellas edades
antiguas y añoradas, hoy casi en el olvido,
calor y sol ardiente en mi rostro extasiado.

¡Ah, pueblo recordado de pasadas hogueras!

Te veo entre las garbas de la era dorada,
entre hojas de parra, entre insectos nerviosos,
entre el trigo en la tarde venir a saludarme.

Pensaba que algún día, de luz nunca saciado,
vendría el sol a verme y, en soledad tardía,
me daría a escondidas un abrazo encendido.

Los pájaros vinieron, con sus tenaces vuelos,
mi corazón latía desconsoladamente
y todo era brillante, espléndido y brillante,
mientras allá, a lo lejos, el horizonte, apenas
entrever me dejaba el vuelo de la vida.

Necrópolis de Cristóbal Colón

I

Habitaba la carne desalmada
    todos los huecos de la tierra
    adornada con cruces y mármol de carrara
    de exquisita factura, donde el sol
    brillaba sobre tanta oscuridad.

Y todos los turistas
    gozábamos al ver tanta hermosura.

II

En el Campo Santo
    no duelen los dolores
    ni se inmutan los cielos ni las sombras.

Habitan los suspiros, las lágrimas
    y flores desgajadas.

De nadie es el espacio
    aunque repleto estará siempre
    de nadas que antes fueron.

Todos esconden sus memorias
    en las cuencas vacías de sus ojos:
    divorciadas, bomberos, arquitectos,
    un perro, un dominó (entre otras cosas)
    encuentran su aposento.

La gente, al caminar,
    con sus rezos acalla los silencios.

III

La Ciudad de los Muertos se exhibe con orgullo
    y cobra cada día la vida de los cuerpos.

Oscura de excesiva sombra
    y amante de la muerte,
    cruel serpiente que nutre sus entrañas
    de sangre oscura,
    nichos y panteones su piel adornan
    y rigen los destinos
    de todo el universo.

Lo sabe Amelia Goyri de Adot
    y todos los que, mudos,
    esperan, sin saberlo,
    un ramo o una plegaria.

Y tú, Colón,
    que fuiste de un imperio navegante,
    estás ahí al frente de un ejército
    de sombras permanentes.

(La Habana, 1998)

NO DEJES QUE TE ATRAPE LA TRISTEZA

No dejes que te atrape la tristeza.
Mira hacia tu interior.
Busca su luz, su brillo,
con las teselas sueltas del jardín
del recóndito lugar de las estrellas.

No dejes que te atrape la tristeza.
Exíliate en ti mismo,
sumérgete en tu infancia
y olvida aquello que no fuiste.
Quema en las brasas de la noche
las madrugadas ásperas.

No dejes que te atrape la tristeza.
Rompe las olas tristes
para que el mar de tu silencio
se llene holgadamente de esperanza.

No soy nadie

No soy nadie, más bien piedra olvidada
en las cañadas de laderas áridas
que ascienden hacia pájaros viejísimos,
perdidos entre valles y sus cuevas.

No soy nadie, más bien río olvidado
que inexorablemente hiere y corre
sobre bosques de tierra y de teselas,
en noche amanecida pero oscura.

No soy nadie, más bien fronda olvidada
en la piel harapienta de un mendigo
donde el dolor y un halo de tristeza
hiela y corrompe todos los helechos.

No soy nadie, más bien lobo olvidado
con hambre y desespero inextinguible
en el pecho del hombre sin cobijo,
bajo la ambigua luz de luna llena.

NOCHE SERENA

Ir alegre y cansada por la vida,
por la vida que cura y envilece,
que siempre de bajada o de subida
te muestra lo que a veces no parece.

Ir y venir tan presta y decidida
buscando la amapola que amanece
altiva y sin cordura sometida
cuando el alma en el aire permanece.

Ir y venir, amiga, ir y venir
sintiendo en el dolor nuestra alegría
no es vano cometido cada día.

Permanecer cantando y sonreír
en el arduo recinto de la pena
es anhelo de paz, noche serena.

November rain

When I look into your eyes
I can see a love restrained
Guns and Roses

Lenta cae la lluvia
que moja tiempo y dudas
de pasión impotente,
las llamas son volcánicas,
carne de amor prendida.

Y no hay frío ni luz,
solo hondura y silencio,
tu silencio y el mío
bajo el ¡ay! del absurdo que pensamos.

Los imposibles *riffs* de las guitarras,
la lluvia en el estruendo de su hoguera
alteran los latidos de la sangre.

Y ese *amor contenido* ayudará
en el incierto recorrido
donde la soledad acosa.

Piénsalo bien, amor,
no dura nada para siempre,
no te contengas,
no quiero caminar en solitario
bajo la fría lluvia de noviembre.

NUEVO DÍA

A Loli Lara

Vuelan los pájaros.

Se respira oro puro, azul y viento.

La gente viene y va
en procesión de imágenes.

Están los hombres en las eras
y los jilgueros en las ramas.

Chirridos de carretas,
bocines de las ruedas desgastados,
se pierden en la niebla matutina.

Mulos sin prisa
transportan cargas
y mujeres caminan lentas
con fajos bajo el brazo.

Las campanas dispersan
sus monótonos sones
sacudiendo la savia de las plantas,
arañando los surcos de barbecho,
despertando a los niños de sus cunas.

Aspas de los molinos.

Estrecho río:
buscando escasas sombras para aliviar su paso
mientras un nuevo día se presenta.

Pequeño pueblo de la Mancha
perdido en la llanura...

PARTISTE HACIA EL LUGAR
DONDE SE PIERDE LA SONRISA

Llegaste en el momento necesario
a la casa adecuada
sin jaula ni cadenas.
Jugabas a los juegos más modernos,
dormías en el eco de una flor,
las mujeres buscaban tus lisonjas
y el calor de sus pechos te ofrecían.
Gozaban a tu lado,
eras el mono lindo de la jungla.
Aplaudían tus frases.
Hasta el sol te cuidaba
atenuando la furia de sus rayos.

Creíste ser el Dios que nunca muere.

Todo fue fácil para ti.

Pero no te quedaste.
Partiste como todos,
partiste hacia el lugar
donde se pierde la sonrisa.

Pasar me encantaría

A Vanesa Pons

Pasar me encantaría
de los duros momentos
en que el duende en su magia
se apodera del tiempo impunemente.

Pasar me encantaría
de la ausencia infinita,
del frío del desierto
donde el agua en su pena
llora desde la arena,
desde la arena llora.

Pasar me encantaría
de la voz del teléfono
a tu presencia,
y poder arrancar el pétalo de luz
que pende de la noche
e invade los albores
de la escasa certeza de la luna.

Pensemos que el presente es infinito

¿Será este mar,
este mar infinito,
sala de espera de la espera,
el lugar que la sombra nos anuncia,
donde aparcan
los asientos, vacíos para siempre,
de lo que fue la vida?

Agua de arroyo fuimos,
humo de fuego y nieve,
todas las ilusiones prendidas de una hoja
movida por el viento.
También brisa, huracán y canto suave,
excrecencia de amor incomprendido,
cristal fundido de colores turbios,
trino de pájaro de vuelo bajo,
mañanas firmes, lágrimas perdidas,
lodo y lava de ensueños.

Pronto me olvidarás

Pronto me olvidarás completamente.
Pronto todo el amor que me tenías
perderá intensidad y su sentido.
Yo quedaré sellado y sin abrir
como un libro de versos registrado
en una biblioteca de suburbio
donde pocos lectores se entretienen.

Mis amigos también me olvidarán;
no sé si en el desván del desvarío
las lepismas vendrán a visitarme.

Y a ti también te olvidarán muy pronto.
Antepondrán las fiestas, los problemas
del vecino, los chismes de la viuda
de la esquina, el perfume de Chanel,
las tediosas eróticas películas
de Almodóvar, el triste despertar
de las gaviotas, su graznar rabioso.
Todo eso y mucho más, amiga mía,
antepondrá la gente a tu memoria.
Y también a la mía, bien lo sé.

¿Por qué, pues, tanto encono en olvidarme?
¿Nuevamente, por qué no nos citamos
y dedicamos tiempo, solo un poco,
a burlarnos de nuestros desamores
con un poco de ron en cada verso?

Qué hacer en esta tarde odiosa

Oh Dios, qué hacer en esta tarde odiosa
tendido en un sofá con luz fulgente
y en el fondo borrosas las figuras.
Me asomo a la terraza. En la avenida,
como muertos vivientes indecisos,
caminan cabizbajos y en silencio
unos rostros sin forma definida
con media cara oculta y ojos tristes.
Su mente, entretenida en lo difuso,
no comprende qué cosa está pasando.
Su infancia, como todas, fue distinta
y cada coyuntura es diferente,
pero hoy presiente cerca la amenaza
de un certero enemigo que la acecha.
Se encuentra en una nueva tesitura
que la obliga a vivir entre paredes.

Marzo de 2020 y son las 8.
La histeria se concentra en los balcones
y las manos aplauden con malicia
a un extraño-invisible visitante.
Por la larga avenida sin final
una sirena avanza velozmente
titilando sus luces amarillas,
y en esta incertidumbre no se sabe
a quién viene a buscar con tanta prisa.

En el balcón contiguo de mi estancia
la gente está asustada. Un niño llora.

¿QUIÉN ERES TÚ?

*¿Quién es el que baila aquí,
en el lugar de la música,
en la casa de la primavera?*

NEZAHUALCÓYOTL

¿Quién eres tú que tanto puedes?:

hacerme suplicar al viento,
      hincarme de rodillas ante Dios,
      llorar con lágrimas perdidas,
      herir la claridad del verso,
      vivir en sueño comprimido,
      levitar por encima del silencio.

¿Por qué perturbas tanto mi camino?

Recuerdo el suave golpe de tu ropa

Recuerdo el suave golpe de tu ropa,
todas las piezas, una a una,
caer sobre el sofá que aguardaba en silencio
muy cerca de la cama:
tu sostén,
tus enaguas,
tus pantis lentamente deslizados,
aretes y el perfume embriagador
                              de tu lujuria.

Miré tu desnudez con obscena mirada
bajo la oscura luz
desde el cielo del techo.
Sonaba en el ambiente *Un soave non so che.*
Tus senos al moverse
marcaban el vaivén del pentagrama.

Venías sin premuras
provocando las olas
con brasas en los ojos
y pavesas ardientes.
Y no estaba soñando.

De pronto una sirena sonó con estridencia
y alborotó la alcoba,
rompió todo el hechizo.

La lluvia acarició
el ocioso cristal de la ventana.

Me levanté y me fui sin despedirme.

Pudo más el recuerdo de una embriagante tarde,
otra cita,
        otra lluvia,
                un trueno en Nueva York.

Eran las doce de la noche,
mi amada Cenicienta me esperaba
en el castillo imaginario
del Príncipe Azul.

Santos inocentes

¡Cómo pasan los días!
Primero de noviembre, de nuevo al cementerio.

Todos fueron marchando
hacia el desconocido lugar de las honduras
del que nadie jamás ha regresado.

Jardín de las delicias del reino de la muerte:
crisantemos y rosas de variados colores,
en enlutadas manos, en procesión avanzan
con sus pasos constantes lamiendo los pasillos
hacia lápidas grises, olvidadas algunas.

Cantar salmos y nenias, ser atentos y amables,
saludar a la gente, visitar a los muertos,
sus criptas, oratorios, nichos y panteones
que acercan el final del recorrido
cuando ya la esperanza comienza a despedirse,
es áspero consuelo conducente a la nada.

Pero, a pesar de todo,
no oséis banalizar todos los ritos,
no sea que ya tarde, cuando cierren las puertas
y la noche se aferre a los misterios,
doña Inés y don Juan, asedien vuestros pasos.

Se acabará el silencio

Borrar todas las huellas en el muro del viento.

Perder el horizonte en rodajas de ensueño:

las selvas amazónicas
        que me dieron su bruma en ocultos instantes;
las sábanas discretas
        y el pañuelo impregnado de lágrimas furtivas;
las letras que creó mi fantasía
        unida a los residuos de imposibles reflejos;
las flores que me amaron,
        clivias, claveles y amapolas;
aquel bendito pueblo
        que me acogió en sus brazos de verdes continencias;
los cipreses al borde
        del manantial dolido de la vida;
los que me acompañaron, sus nidos en mi piel,
        hendida mi esperanza en los labios heridos;
mi familia, querida y añorada.

A morir he venido en este extraño mundo
        sabiendo que, hasta en mí, se acabará el silencio.

Se fueron

Todos: reyes, orondos gobernantes...
Se fueron con laureles y coronas.

Y también mis amigos se marcharon.
Su rostro y su tristeza en la mirada.

Qué corto fue su tránsito y su vida.
Se fueron con sus gozos y sus lágrimas,

Prendido su recuerdo en mi memoria
Y el corazón latiendo de impotencia.

Se fueron por el aire y por la mar,
Con todos los peajes caducados

Y la esperanza hundida en el camino.
Se fueron sin saber a qué vinieron:

Nacer para vivir en pura ausencia,
Morir y terminar sin saber dónde.

SONATA DEL ENCUENTRO

Qué grata es la belleza de la aurora,
del sol, de la montaña y del océano
cuando el viento del bosque los abraza.

Amémonos los vivos a los vivos
y al menos en el viento y en el bosque
que suene la sonata del encuentro.

¿Soy yo?

El tiempo es una ilusión.
Albert Einstein

Si el tiempo ya no existe
ni el espacio tampoco,

si el después no será
y lo que fue tampoco,

si solo el ahora existe
y cada instante es
realidad distinta,

si todo cambia y nada permanece,
¿cuántas veces ya he sido?,
¿cuántas veces existo
o no he existido nunca?

¿Seré un continuo sernoser?

Anclado quedaré
por siempre no sé dónde.

(Kampala, 08-11-2007)

THE BLACK WIND

El viento negro viene del desierto,
viene cargado de intenciones sórdidas.
Es el maldito viento que nos mata,
nos mata o nos arrastra hacia la muerte.
Reseca las gargantas con su polvo,
y la lluvia lo posa sin clemencia
sobre los edificios de las urbes,
llenando el aire de una densa bruma
que esconde sin pudor la malbendita
intención controlada de su espada.
Entra en todas las casas sin permiso
y se sienta en las sillas del despacho.
En su seno transporta las peores
bacterias, entrenadas y dispuestas
a suplantar el orden de la luz.
Atraviesa la piel de las personas
y absorbe el contenido de la estancia.
De todo lo que toca se apodera
incluyendo la música del aire
y el sonido profundo del silencio.

Todo vale la pena

Te has sentado en el centro de la tarde
a escuchar esa luz de oro viejo
que cae lentamente entre los pinos.
Juan María Calles

¿Y si viene la luna y acaricia tu cara?
¿Y si crece una flor en tu desierto?
¿Y si escuchas la luz que amanece en tu rostro?
¿Y si un día redondo te invita a la alegría?
¿Y si luce un reflejo en tu mirada triste?
¿Y si brota una fuente de tu fuego escondido?
¿Y si refleja el alba en tu dormido seno?
¿Y si...?

Todo vale la pena
        si un destello feliz
                alumbra tus fanales.

Y, sobre todo,
si Amy Winehouse,
con su voz poderosa,
volviera y nos cantara un *soul*.

Todos los tiempos son

todos los tiempos son
la vida entera

avatares desmadres desvaríos
se juntan en sumandos imperfectos

todo nada será y nada ha sido
en la inconmensurable
duración
de la existencia

somos nada en el todo
hueco sonido de un vacío
en el sutil aroma de una rosa

Tu casa y sus recuerdos

Caminas, niña hermosa, luna desconocida,
con tus pies de marfil rosado de amapola.
Cuando vas por los surcos de la tierra olvidada,
preciosísimas plantas de flores te bendicen.
Tus ojos resplandecen como llama en la nieve
y alegran quedamente las plazas de los pueblos
donde la gente vive atávicas costumbres.

Cuando alegre me miras, levantas y modulas
tu risa con la música de un eterno concierto
que cantas con tus labios de ternura de rosa.
Te acercas a la rambla y su pecho enmudece
mientras todos los cantos de su suelo salvaje
esperan las caricias de tu piel hermosísima.
Los pájaros también esperan tu llegada,
tu paz, tu amor descalzo cuando termina el día
en la dulce esperanza de tenerte a su lado.
Tu casa y sus recuerdos te miran y te piden
que con mano tendida te acerques y los beses.

TUS OJOS REFLEJABAN LA TRISTEZA

Dejábamos el pueblo y los amigos
una tarde de otoño.
Las casas se alejaban,
sus techos, sus jardines.

Nada tú me decías.
Tus ojos reflejaban la tristeza.

Eran días de sol,
de horizontes rosados,
cotidiana armonía
de aquellas sinfonías de Beethoven
que tanto nos gustaban.

A veces me decías, con tus alas inquietas,
que aquello era vivir, sin recordar
que tú te enamorabas, en otras ocasiones,
de la ciudad ruidosa donde vivir consiste
en siempre andar corriendo
en busca de una meta inexistente
en un mundo de paz inencontrable.

A veces me decías.

TUS PALABRAS VERTIDAS

Ahora que no vivo,
que muero lentamente
y apenas me consuelan
tus palabras vertidas,
no me encuentro en la casa
donde estuvimos siempre.
Ya no existe el almendro
que dejaba sus flores
sobre la acera tibia.
La radio que escuchábamos,
la música, la playa,
las torpes discusiones
y en verano el calor
de la arena encendida,
todo llegó a su fin.
Tu risa ya no existe
ni suenan tus palabras.
Los momentos sagrados,
por los dos compartidos,
se perdieron la noche
que el fuego de tu pecho
y la luz de tus ojos
se fueron para siempre.

Un mismo río

Recuperar de nuevo la alegría,
vivir la misma piel,
sentir los dos en uno el mismo río...

De nuevo disfrutar,
y esta vez para siempre,
sobre horizontes llenos de grata lejanía
en una noche clara de nardos insumisos,
y en medio de las olas de un mar oscuro azul
vibrar con las estrellas en su angélico fuego.

Serán días de música, de perfecta cadencia,
días para gozar con sorprendido amor
ni tan siquiera haciendo por merecerlo nada.

Sin perder cada uno su andadura emprendida,
sin prisa, lentamente, sin tener un horario,
hacia nuestro destino, esa cita que espera
y que siempre es final de lo que hemos vivido.

Un silencio absoluto

Cuántas palabras, nunca suficientes.
Miles de cuántas hemos sido.

¿Y crear?

Creamos al saltar sobre las rosas
y al dañar con los gritos
el cielo de la noche.

Somos esa palabra,
que avanza
sobre un hilo de dudas.

Hacia la luz, a veces,
sola o acompañada de silencio.

Un silencio absoluto.

Definitivo.

Ventana preparada

A Chris Guevara

Si fuéramos tú y yo
montaña y río,
y viéramos los días como luz,
siempre verano limpio y transparente,
¡qué bien!, dirías a hurtadillas,
al esconder la luna su mirada.

Si tú y yo fuéramos
rumor de luz,
pétalo de amapola,
probablemente siempre
habría una ventana preparada
para escrutar, felices,
                     el horizonte.

Y no soy Frank Sinatra

A Gail y Mike

Yo soy pintor, poeta y trovador,
y viví *a mi manera*:
I've loved, I've laughed and cried.

Y no soy Frank Sinatra.

He amado al mar cuando en sus olas
sonaban sinfonías de Beethoven,
y al viento se elevaban las cometas
en manos de los niños de Sorolla.

He reído en el cine con Charles Chaplin,
los chistes que mi tío me contaba
y en cada amanecer jugando con mis hijos.

He llorado también, y muchas veces,
a mis padres, a amigos que se fueron
y a todos los claveles y albahacas,
que mi tía prendía en el ojal
de mi escasa niñez cuando era fiesta.

Mi historia muestra que encajé los golpes,
que supe superarlos,
que nunca hice lo mismo,
que en el jardín de cualquier puerto
pude encontrar todas las cosas,
y así, *a mi manera*,
viví la inmensidad sin conocer fronteras.

Y SI NO FUERA ASÍ

Que yo fuera una luz que alumbrara la noche,
que pudiera gozar del calor que me falta.
Y la noche que fuera una brisa de viento.

Y si no fuera así,
        si no luz,
                si no brisa,
        si no viento
ni noche inolvidable,

déjame que me aleje
        de la angustia que agobia
                mi espera indefinida.

YOU RAISE ME UP

Soy fuerte,
cuando estoy sobre tus hombros.
ROLF LOVLAND Y BRENDAN GRAHAM

Cuando estoy deprimido, perdido, abandonado,
solo, desesperado y sin saber qué hacer,
en silencio me quedo y elevo la mirada
esperando que vengas, me abraces y me entregues
tus besos, tu alegría y ganas de vivir.

Tu presencia me eleva sobre bosques, encinas,
las frondas de los álamos, las elevadas cumbres
y el horizonte oculto que antes no pude ver.

Tu presencia me encumbra sobre las tempestades
y con el viento floto, sobre todas las nubes,
llegando con la mano a acariciar el cielo.

Tu presencia me ofrece tu afecto y tu coraje,
la ternura infinita de tus fuertes espaldas
cuando estoy en tus hombros y me enseñas el mundo.

Tu cálido cariño me da la fortaleza
del mar y la tormenta, del fuego y la montaña
y me siento en la cima de todo el universo.

Camino sobre el mar, me supero, levito,
soy todo sin ser nadie, porque te tengo a ti.

ÍNDICE